ESSAI

SUR

LA NATURE DE L'ACTION PAULIENNE

PAR

JEAN ACHER

(Extrait de la *Revue trimestrielle de droit civil*, 1906, n° 1).

LIBRAIRIE

DE LA SOCIÉTÉ DU RECUEIL **J.-B. SIREY** & DU JOURNAL DU PALAIS

Ancienne Maison L. LAROSE et FORCEL

22, *rue Soufflot, PARIS*, 5e *arrdt*

L. LAROSE & L. TENIN, Directeurs

1906

ESSAI

SUR

LA NATURE DE L'ACTION PAULIENNE

IMPRIMERIE
CONTANT-LAGUERRE
LVX VITAM
BAR-LE-DUC

ESSAI

SUR

LA NATURE DE L'ACTION PAULIENNE

PAR

JEAN ACHER

(Extrait de la *Revue trimestrielle de droit civil*, 1906, n° 1).

LIBRAIRIE
DE LA SOCIÉTÉ DU RECUEIL J.-B. SIREY & DU JOURNAL DU PALAIS
Ancienne Maison L. LAROSE et FORCEL
22, *rue Soufflot, PARIS, 5e arrdt*
L. LAROSE & L. TENIN, Directeurs

1906

ERRATA

Une erreur de mise en page a eu pour résultat plusieurs bourdons dont les plus importants sont les suivants :

N° 2, p. 3, note 2. — La fin de la note doit être conçue en ces termes : Un nouvel examen du ms., fait dans l'intervalle entre la remise de la copie et la correction des épreuves, m'a permis de retrouver ce passage. Il se trouve au fol. 166 v°, col. 2 et s., et confirme la citation de Cynus.

N° 3, p. 4, note 2. — Je me suis servi de l'exemplaire de la bibliothèque de la Faculté de droit de Paris. C'est à cette mention que se réfère le renvoi de la note 2, p. 6.

Une coquille m'a fait dire, p. 5, 3° ligne d'en bas : *lectura super institutiones,* au lieu de : *lectura super institutionibus.*

ESSAI

SUR

LA NATURE DE L'ACTION PAULIENNE

Par M. JEAN ACHER.

---

1. — La controverse sur la nature de l'action paulienne a rapport aux plus anciens et aux plus ardus problèmes du droit civil. Née d'un texte malencontreux des Institutes de Justinien, le fameux § *Item si quis* au titre *de actionibus,* cette controverse s'est maintenue à travers les âges, en dépit des changements des législations. Nous la rencontrons au berceau même de la science juridique moderne, au XIIe siècle, et elle persiste encore chez les auteurs modernes avec la même vivacité qu'au temps des glossateurs. Sans doute, la question a changé de forme, mais c'est au fond le même débat qui continue. Or, contrairement à ce qui a lieu pour la plupart de ces controverses séculaires, il ne s'agit point ici d'un dissentiment purement doctrinal, sans répercussion aucune sur les solutions pratiques. Car, si de part et d'autre, l'on s'est fait des concessions mutuelles afin d'aboutir à un certain nombre de solutions pratiques communément adoptées, il n'en reste pas moins, comme nous le verrons, un point d'une importance capitale en pratique auquel on donne des solutions diamétralement opposées selon le parti qu'on adopte

sur le problème premier de la nature de l'action paulienne.

Quand bien même cet intérêt pratique n'existerait pas, quand bien même notre controverse se réduirait à une simple question de construction juridique ayant pour unique but de synthétiser les solutions incontestées, elle ne serait pourtant pas complètement oiseuse. Le problème de l'action paulienne touche, en effet, à la théorie générale des nullités : il s'agit de savoir si la fraude dont est entaché un acte rend cet acte nul, ou entraîne seulement une obligation d'indemniser la victime. Or, est-il besoin de le dire, la théorie des nullités est le point le plus obscur du droit français. A en croire certains auteurs, nous aurions cinq espèces des nullités : l'inexistence, la nullité radicale ou absolue, la nullité relative ou l'annulabilité proprement dite, la rescindabilité et la nullité spéciale des actes frauduleux. Et encore dans ce tableau ne sont pas comprises les nullités particulières qu'on rencontre en matière de mariage et des sociétés civiles et commerciales. Le riche choix de moyens que présente sur ce point le droit français n'est point fait pour simplifier la question.

Aussi, tandis que les législations étrangères se contentent, en règle générale, d'une théorie très simple de deux nullités, sommes-nous obligés de tâtonner dans un labyrinthe qui dépasse en obscurité le fameux *labyrinthus dividui et individui*. En attendant qu'un Dumoulin moderne nous en donne les dix clefs ou fils qui nous permettront de l' « extriquer », il ne faut rien négliger pour élucider, même partiellement, ce problème difficile. Si l'on arrivait, par exemple, à réduire le nombre des nullités, en écartant les unes, en ramenant les autres à un seul type, on ferait faire par là un progrès notable à la théorie des nullités. C'est surtout ce travail de simplification, de déblayement que je me propose de faire en étudiant à cette place les effets juridiques de la *fraus creditorum*. Et comme l'action paulienne est une matière essentiellement traditionnelle, il me semble nécessaire de faire précéder la partie dogmatique de cette étude par un historique assez étendu de la question (1).

I. — Partie historique.

2. — Les différents moyens révocatoires du droit romain sont désignés dans la compilation de Justinien sous es noms des ac-

(1) Je néglige, bien entendu, le pur droit romain, dont l'étude ne pourrait être d'aucun secours ici.

tions : *Calvisiana, Fabiana* (D. *si quid in fraudem patroni* 38, 5), *Pauliana* (ainsi désignée dans la l. 38, § 4, D. *de usuris* 22, 1), *in factum* (l. 10 pr. D. *quae in fraud. credit.*, 42, 8) et de l'action du § 6, I. *de actionibus* 4. 6. En présence de ces textes difficiles, et dont la portée exacte n'a pas encore été parfaitement élucidée de nos jours, la jeune science des premiers romanistes, fidèle à sa méthode purement exégétique, paraît être surtout préoccupée du point de savoir combien il existe d'actions révocatoires en droit romain et comment elles se nomment. Cette question, où les arguments scolastiques pouvaient se multiplier, dominait toute la théorie des actes frauduleux. Les uns tenaient pour la *communis opinio* (1), qui, se réclamant de l'*arbor actionum* de Johannes, reconnaissait quatre actions (*Pauliana, Faviana, Calvisiana. in factum*); les autres suivaient la doctrine plus récente de Jacques Révigny (2), selon laquelle il n'y avait que deux actions, l'une nommée *in factum Pauliana*, l'autre *Calvisiana Faviana*. La discussion qui s'engagea là-dessus entre les partisans des deux doctrines opposées est fastidieuse et dépourvue de tout intérêt pratique. On s'en rendait bien compte, dès le XIVe siècle. Johannes Faber, dont le sens pratique s'accommodait mal des semblables controverses, après avoir rapporté et discuté tout au long les opinions de ces prédécesseurs, ajoute, avec une ironie exquise : *super hoc teneas quidquid volueris, non est magnus effectus* (3). Ce mot fit fortune, on le retrouve encore au XVe siècle, chez Jaso de Mayno (4).

3. — En ce qui concerne la question de la nature des actions révocatoires, question qui fut également étudiée par les glossateurs, on est tenté, de prime abord, de croire que les romanistes du XIIe siècle, mis en présence de l'énigmatique texte du § 6 I. *de actionibus,* 4, 6, avaient accepté l'idée d'une action réelle ou tout au moins d'une action *personalis in rem scripta*. La place

(1) Cette doctrine est désignée ainsi par Joann. Crispi de Montibus, *Permini actionum* (n° 11 *Pauliana*).

(2) D'après Cynus, ad l. 1. C. *si in fraud. patroni alien.* 6, 5. Dans la *Lectura in Institutiones* de Jacques de Revigny, contenue dans le ms latin 14350, Bibl. Nation., fol. 163 v°, col. 2, i. f., se trouve, après le commentaire du § 5, I. *de actionibus*, la mention suivante : *Sequitur* § *item si quis etc. sed dominus meus primo legit* § *sequentem*. Le paragraphe omis ne se trouve pas à la suite du § 7. Il se trouve au fol. 166, v° col. 255 et confirme la citation de Cynus.

(3) *In Inst. ad* § 6, I. *de actionibus*, n° 20 (éd. Lyon, 1557, p. 128).

(4) *ad* § *cit.*, n° 99.

qu'occupe ce texte dans le titre *de actionibus* — entre l'action publicienne rescisoire et l'action servienne, — les termes mêmes qu'emploie Justinien — *rescissa traditione eam rem petere,* tout incitait les glossateurs à repousser la théorie d'une action purement personnelle. Et en effet, la doctrine d'Azo (1) voyait dans l'action paulienne une *personalis in rem actio*. Mais contrairement à ce qu'on pourrait supposer, la glose d'Accurse, qui s'inspire habituellement d'Azo, se sépare de lui dans cette question pour suivre l'opinion de Placentin (2). S'affranchissant de son procédé ordinaire d'exégèse littérale, la glose ne se laisse pas duper par les apparences trompeuses du texte, et range l'action révocatoire parmi les actions personnelles (3). Certes, cette action ou plutôt ces actions, puisque la glose en reconnaissait plusieurs, sont traitées par la loi à la suite des actions réelles, mais Accurse nous explique les raisons de ce défaut d'ordonnance : *quia similitudinem habent cum superioribus duobus casibus* (il s'agit de la publicienne), *in eo quod sicut ibi permittitur aliquid dicere quod non sit, vel esse facienda aliqua, ac si non processissent quae processerunt, sic et hic* (4). L'action n'en est pas moins personnelle. Dans les actions réelles on a toujours

(1) Cité d'après Cujas, *Comment in Inst.*, l. IV, t. VI, § *Item Serviana* (éd. Naples, VIII, p. 1109 B) : *Veruntamen ut in actionibus in rem, ita in hac actione* [scil. Fabiana] *in litem juratur l. tenetur D. si quid in fraud. patr. quae res Azonem movit ut diceret, hanc actionem esse personalem in rem scriptam, et quasi mixtam actionem*. Je n'ai pas pu retrouver le passage d'Azo, auquel Cujas fait allusion. Dans la somme aux Institutes, l. IV, t. IV, n° 26 (Summa Az. éd. Lyon, 1683, fol. 243 r°, col. 2) Azo déclare : « *In personam quoque actiones praetoriae reperiuntur, ut Pauliana, item Faviana....* ». Il ne faudrait pourtant pas croire, à la foi de ce passage, la citation de Cujas erronée. En effet, Azo considère les actions *in rem scriptae* comme des actions personnelles, et il semble réserver le nom des mixtes aux seules actions divisoires. Ainsi, par exemple, au n° 27 du même titre il déclare l'*actio quod metus causa* personnelle : « *Sunt et aliae quadem personales et praetoriae et pœnales actiones..... ut actio quod metus causa....* ». Mais il précise le sens du mot *personalis* dans la S. in C. 2, 19 *de his quae metus* n° 6 (éd. cit., fol. 22 v°, col. 2) : « *Ex metu autem prodita sunt tria auxilia : actio personalis quod metus causa, quae tamen scripta est in rem, quia datur contra quemlibet ad quem res pervenit, quae per metum est tradita, vel amissa....* ». — Actions divisoires, v. S. in I, 4, 6, n° 33.

(2) Plac. ad § 7. C. *si in fraud. patr.*, 6, 5.

(3) Glo. *eam rem petere ad* § 6, I. *de act.* vis *sed quaero : Sed quaero quare sunt hic hae positae inter reales praetorias, cum ipsae personales sint*.

(4) *Ead glo. eisd.*, vis Cmp. glo. *mansisse ad eund.* §.

en vue soit la possession, soit la propriété d'une chose. *Hic autem neque possessio, neque dominium est meum, nec fuit; imo in accipientem transivit, licet in fraudem sit alienatum* (1). Mais alors sur quoi le demandeur fonde-t-il son action, si ce n'est pas sur la propriété? La glose répond à cette question, et cette fois encore sa réponse est très remarquable : *Responde : ex quasi maleficio, quando dolus fuit in vendente et emente. Si autem in vendente tantum, tunc potest dici ex quasi contractu, si agitur contra illum possidentem* (2).

4. — On le voit, la théorie de la glose était assez complète et elle ne manquait pas d'arguments sérieux. Elle n'avait qu'un défaut aux yeux des contemporains, c'est de n'être pas d'accord avec la doctrine d'Azo, le même Azo dont un proverbe du temps dit : *chi non ha Azzo, non va a palazzo*. Les deux plus grandes autorités des postglossateurs se trouvaient en désaccord entre elles. Aussi, il s'en faut que les commentateurs fussent unanimes. On pourrait même dire, que, se trouvant entre le marteau et l'enclume, entre Azo et Accurse, ils éprouvaient quelque embarras à répondre à notre question. Il est significatif par exemple que Roffredus, qui paraît professer la théorie d'Azo, évite, en parlant de l'action paulienne, l'expression consacrée *personalis in rem actio*, et qu'il semble hésiter entre les arguments d'Azo et ceux de la glose : *Respondeo in eo casu quando emptor participatus est fraudem : est obligatus, vel quasi maleficio, dixit V.* (Vgo ?), *unde merito tenetur : sed donatarius, qui obligatur, quo jure : certe nullo. Unde dicas quod licet iste* [scil. actiones revocatoriae] *sint personales habent tamen naturam realium : in quibus nulla obligatio est necessaria* (3). Il est non moins significatif que Johannes Faber, qui consacre au § *Item si quis* un long chapitre, ne trouve à dire sur la question de la nature de l'action paulienne que ces brefs mots : *ista actio est in rem scripta* (4). J'ai déjà mentionné que le § *Item si quis* manquait dans la *lectura super institutiones* de Jacques de Revigny. Nous apprenons pourtant d'un autre passage de son œuvre, qu'il s'est rangé à l'avis d'Accurse (5).

(1) *Ead glo., eisd. vis.*

(2) *Glo. cit.*, vis *Sed unde oritur.*

(3) *Fract. de libellis super jure civili*, Rubr. *de act. pauliana* (éd. Avignon, 1500, fol. 15 v°).

(4) Éd. cit., p. 129.

(5) *Ad* § 8, I. *de actionibus :* Supra dixit de realibus actionibus pretoriis, licet

Son élève, Pierre de Belleperche est plus explicite. Il dit : *Quidam dicunt quod realis est* (1) ..... *dico revocatoria quae creditori competit et calvisiana faviana quae patrono competit est in personam ad restituendum, et sic ad faciendum : Sed differentia est inter personales et reales : quia personales competunt ad dandum vel faciendum, reales vero competunt ad declarandum* (2). Quant au Guillaume Durand, il est « inspiré » dans la circonstance par Roffredus (3).

5. — Le même malaise règne dans la doctrine italienne. Ses deux chefs, Cynus et Bartole passent sous silence la question de la nature de l'action paulienne. Bartole, par exemple, se borne à dire que la donation frauduleuse n'est pas nulle de plein droit : ... *Et bene dicit glosa : sed non valet in effectu : quia si apparet tunc facta in fraudem, revocatur, non tamen est nulla ipso jure* (4). Johannes Crispi de Montibus est particulièrement hésitant. Pour lui, l'action paulienne est personnelle, mais aussitôt il ajoute : *Sed quod immo sit realis videtur quia connumeratur inter reales. Nisi dicamus quod ex eo quod excedit naturam personalium connumeratur inter reales quod patet ubi datur contra quemlibet qui accepit ab eo, qui alienavit in fraudem* (5). Dynus toutefois est très catégorique : il prend fait et cause pour Accurse (6).

Peu à peu cependant, à mesure qu'on s'éloigne des premiers postglossateurs et qu'on touche à la fin du Moyen âge, un mou-

et de quibusdam personalibus dixerit, supra eo § Item si quis (ms. lat. 14350, Bibl. Nat., fol. 164, 2e col. 1).

(1) C'est la première fois qu'on mentionne, à ma connaissance, l'opinion suivant laquelle l'action paulienne serait purement réelle. Je n'ai pas pu déterminer les auteurs visés par ce mot *quidam*.

(2) *Lect. aurea*, ad § 6, I. *de action.* (nos 6 et 7). Même observation que *suprà* à propos de la somme de Placentin.

(3) *Specul. jud. lib.* IV, *part.* I, *de his quae vi metusve causa fiunt*, no 4 (éd. Bâle, 1574, t. II, p. 112).

(4) Ad l. 15, D. *de donat.*, 39, 5, *in princ.* (éd. Lyon, 1552, p. 156); cf., no 4 *eod.*

(5) *Termini actionum*, no 11 (*Pauliana*). Cet ouvrage se trouve dans un livre intitulé : *De actionibus titulus Institutionum Justiniani* (*Venetiis ap. Franciscum et Gasparem Bindonum et fratres* 1574) et contenant, outre l'ouvrage de Crispi de Montibus, les Traités *de actionibus* de Placentin, Jaso, Ad. Dionysius et Gomez.

(6) *Ad.*, § 6, I. *de actionib.* (nos 8 et 9), dans le *Tractatus diversorum doctorum* par H. Chuchalon. Milan, 1521. *impensis fratrum de Lignano*, vol. II, fol. 44 ro, col. 2.

vement vers l'unité paraît se dessiner. Jaso peut déjà parler d'une *communis opinio* qui se prononce en faveur de l'action personnelle. Lui-même, il est vrai, rompt avec cette opinion pour revenir à l'idée d'une action *personalis in rem scripta : Ego tamen teneo contra communem, quod scilicet revocatoriae sint personales, sed in rem scriptae* (1). Et il ne sait citer en son sens que Johannes Faber et Nicolas de Neapoli. Toutefois, il y a un point sur lequel la glose a remporté un triomphe définitif. En ce qui concerne le fondement de l'action paulienne, tous les auteurs sont d'accord avec Accurse pour lui assigner une origine quasi-délictuelle ou quasi-contractuelle, selon que le défendeur est de mauvaise ou de bonne foi. Il est vrai que Dynus conteste cette solution, mais sa contestation touche plutôt la forme que le fond de la doctrine de la glose. Pour lui et pour quelques auteurs qui le suivent, le défendeur de bonne foi n'est pas tenu *ex quasi contractu,* mais *ex variis figuris causarum* (2). Mais Jaso relève déjà l'identité des deux solutions, tout en préférant, quant à la forme, la formule de la glose : *Concludendo ergo teneo glosam nostram. Ergo... oritur ex quasi contractu. Et ista est mera veritas* (3).

6. — Nous pourrions clore ici l'exposé des doctrines des bartolistes et passer à l'époque suivante, celle de la seconde renaissance des études juridiques, mais il importe que nous fassions encore connaissance avec un auteur espagnol, Louis Gomez. Non pas qu'il eût une grande influence en France, mais nous pouvons saisir chez lui, sur le vif, une erreur de terminologie, dont les origines remontent à Bartole sinon à la glose, et qui est destinée à jouer un rôle important dans la théorie de l'action paulienne. Gomez suit l'opinion commune en ce qui concerne la nature de l'action révocatoire : c'est une action personnelle, qui est donnée *ex quasi maleficio* contre le défendeur de mauvaise foi, et *ex quasi contractu* contre le défendeur de bonne foi (4). Comme le fondement de cette action est un quasi-contrat ou un quasi-délit, et comme la réparation de ces faits est poursuivie par une action purement personnelle, il est

(1) *Ad* § 6, l. *de actionib.* (nº 104).

(2) V. l'histoire de cette controverse dans Jaso, *op. et loc. cit.* (nºs 105-111).

(3) Jaso, *op. et loc. cit.* (nº 111).

(4) *Ad* § 6, l. *de actionibus*, nº 45 : *Sed vos non recedatis a communi... in personam est, non in rem,* nº 47 (le cas de défendeur de bonne foi), nº 48 (le cas de défendeur de bonne foi).

évident que la validité de l'acte frauduleux n'est pas en jeu. C'est en effet la conclusion à laquelle aboutit déjà Bartole, en suivant en cela la glose : *Et bene dicit glosa : sed non valet in effectu, quia si apparet tunc facta in fraudem, revocatur, non tamen est nulla ipso jure* (passage cité *suprà*, n° 5). Et il est évident que le résultat pratique obtenu par l'exercice de l'action paulienne est analogue à celui qu'on obtiendrait par une action en nullité : le défendeur à l'action paulienne doit souffrir que les créanciers du *fraudator* cherchent à se satisfaire sur la chose qui lui avait été aliénée. C'est ce que la glose et Bartole expriment en disant : *non valet in effectu*. Jaso, qui, lui, admet que l'action paulienne soit *in rem scripta*, développe la pensée de Bartole. Celui-ci disait que l'aliénation faite en fraude des créanciers *non est nulla ipso jure*, Jaso ajoute qu'elle est sujette à la rescision par l'action révocatoire, sans qu'on puisse bien déterminer dans quel sens il emploie le mot *rescinditur*. *Advertite tamen*, dit-il (1), *quod illud, quo statim dixi, quod alienatio facta in fraudem valet et tenet sed rescinditur per revocationem. Istud est verum et procedit quando alienatio esset facta in fraudem creditorum et sic hominis : secus est si esset alienatio facta in fraudem legis : quia tunc ipso jure esset nulla*. Gomez, qui s'inspire beaucoup de Jaso, paraît préciser encore davantage. Voici ce qu'il dit : *Aut vero alienatio est vera, sed facta in fraudem creditorum et conclusio est, quod non sit nulla ipso jure sed veniat annulanda per remedium istius textus et alia, suprà posita* (2). D'après ce passage très précis, on pourrait être tenté de croire que l'idée de l'annulabilité des actes frauduleux, telle qu'elle est développée par les auteurs modernes, se trouve définitivement éclose chez Gomez. Il emploie même le mot technique, décisif : *annulanda*, tandis que ses prédécesseurs dans cette voie ne nous parlaient que d'une action *in rem scripta*, tout au plus d'une action réelle (3). Il n'en est pourtant rien, et au fond Gomez est plus loin encore de l'idée d'annulabilité que n'était Jaso. Celui-ci voyait dans l'action paulienne une action *in rem scripta*. Gomez, nous l'avons vu, accepte sur ce point la théorie traditionnelle d'Accurse dans toute son intégrité. Il y a même plus. Dans un passage (4) où il

(1) *Ad* § 6, I. *cit.*, n° 10.
(2) *Ad* § 6, I. *cit.*, n° 2.
(3) Au fond la théorie de la nullité et la théorie de l'action réelle ne sont que les deux expressions de la même idée. — V. *infrà*, n° 15.
(4) *Ad* § 6, I. *cit.*, n° 40.

discute la question du remboursement du prix payé par le défendeur au *fraudator*, Gomez nous renseigne sur la véritable portée du mot *annullanda*. *Mihi tamen videtur*, dit-il dans ce passage, *quod indistincte emptori pretium sit restituendum, etiam si sciverit alienata esse in fraudem... et talis dolus vel fraus etiam in casu nostro non impedit translationem dominii l. si Sciens ff. de Contr. Empt. Quod igitur fit lege permittente pœnam non meretur.. alias sequeretur, quod quis legis clypeo deciperetur : quod non est dicendum... dicendum est igitur quod iste emptor, etiam scienter emens, non debet pretium amittere cum lex approbet talem venditionem, dicta l. sciens et ideo poenam sentire non debet.* Non seulement le contrat, d'après ce texte, n'est pas entaché d'un vice inhérent à l'acte même, comme ce serait le cas pour l'annulabilité, mais encore il est déclaré approuvé, permis par la loi. L'acte en lui-même n'est pas répréhensible du tout, l'acheteur, en le faisant, s'oblige, il est vrai, par un quasi-délit ou par un quasi-contrat, selon les cas, envers les créanciers, mais cette circonstance est sans aucune influence sur la validité, sur la correction juridique de l'acte. Et si Gomez parle malgré cela de l'annulabilité des actes frauduleux, c'est qu'il vise par ce mot le résultat pratique auquel aboutit l'exercice de l'action paulienne. Sa pensée est exactement la même que celle de la glose et de Bartole. *Annullanda* ne veut pas dire autre chose que *non valet in effectu*. Cet aveu de Gomez est précieux à retenir, puisqu'il nous renseigne sur la valeur des mots « annulable, rescindable », etc., que nous rencontrerons plus tard, et qui jouent un si grand rôle dans les explications des auteurs modernes.

7. — Pour en finir avec les romanistes il nous reste encore à passer en revue les auteurs de la seconde renaissance, les historiens de l'école française. Et bien qu'ici on affecte de rompre avec la glose et les bartolistes, nous rencontrons pourtant, encore à cette époque, la même controverse sur la nature de l'action paulienne. La méthode toutefois a changé. On ne discute plus à perte de vue sur le nombre d'actions révocatoires, qui toutes auraient la même nature et ne se distingueraient entre elles que par leur dénomination, mais on s'attache à rechercher les différents moyens révocatoires et à en préciser les caractères distinctifs. Dans cet ordre d'idées, Donneau (1) nous enseigne déjà

(1) *Comment. ad tit. Inst. de actionibus*, § 6, nos II, IV, V, VII, X et XII (éd. Lucques, vol. VI, p. 661 et s.).

qu'il y a deux actions : l'une paulienne, qui est essentiellement personnelle, et l'autre, visée par le § 6 I. *de actionibus*, qui est réelle. L'action paulienne est donnée *ex delicto*, même contre un défendeur de bonne foi : *Est enim genus delicti, si admonitus rem in fraudem creditorum alienatam esse a debitore, tentat id retinere adversus creditores fraudatos* (1) (*loc. cit.* n° VII). L'action du § 6 I. *de actionibus* est, au contraire, rattachée par Donneau à la théorie du *pignus praetorium*. C'est une action donnée *in rem creditoribus pignoris praetorii persequendi gratia* (*loc. cit.*, n° X), et elle n'exige pas que le défendeur soit *conscius fraudis*, même s'il est acquéreur à titre onéreux (*ibid.*). Quelle que soit la destinée de cette théorie, il est évident que l'action paulienne du droit moderne ne peut y être rattachée, puisque l'exigence de la participation à la fraude est une condition nécessaire pour que l'action de l'art. 1167 réussisse contre un acquéreur à titre onéreux.

Cujas appelle l'action du § 6 I. *de actionibus*, « *actio pauliana* » (2), et elle est, selon lui réelle. Mais il paraît la confondre avec l'action dont il est parlé au Digeste, se trouvant ainsi en désaccord avec son rival. Il dit notamment, en citant tantôt le Digeste, tantôt les Institutes : *Pauliana revocat dominium rei, vel pecuniae alienatae in fraudem creditoris l. 14 D. quae in fraud. cred., creditor scilicet vindicat, et petit rem, alienatam in fraudem suam, esse debitoris, etiam si pignerata non sit. Actio Pauliana vindicatio est rei, non qua petat creditor rem suam esse, sed qua petat rem esse debitoris, quam alienavit in fraudem § Item si quis Inst. de actionibus* (3). Malgré l'autorité de Cujas, cette théorie ne fit pas fortune. L'opinion commune persiste à attribuer un caractère purement personnel à l'action paulienne. Vinnius dit : *Hanc actionem glossa et plerique interpretes non in rem, sed in personam esse opinantur... quod ego verissimum puto* (4). Janus à Costa, un élève de Cujas, qui est fidèle à la doctrine de son maître, nous parle également du *male vulgus interpretum* qui croit *omnem revocatoriam esse personalem* (5).

(1) On sait que cette conception de délit civil a été reprise de nos jours par M. Planiol, *Rev. critique*, 1904.

(2) *Notae in libr.* IV, *Inst. sub.* § *Item si quis* (éd. Naples I, 252, B.).

(3) *In lib.* 2, *Resp. Pap. sub.* l. 96, D. *de solution.* (éd. cit., IV, 1319, B.).

(4) *In Inst. ad* § *Item si quis cit.*, n° 1 (éd. Lyon, 1747, t. II, p. 881).

(5) *Ad* § *Item si quis* (*Institutiones cum commentario Jani à Costa, Lugduni Batav.* 1719).

Dorénavant nous pouvons parler d'une théorie traditionnelle et conclure que la doctrine des romanistes, en commençant par Placentin et la glose et en finissant par l'école historique française, tend, après quelques hésitations au début et malgré quelques défaillances postérieures à constituer une *communis opinio* d'après laquelle l'action paulienne, née d'un quasi-délit ou d'un quasi-contrat selon les cas, est une action purement personnelle, et non une action réelle ayant son fondement dans la nullité de l'acte frauduleux.

8. — Si, délaissant à présent le droit savant des romanistes, droit que je qualifierais volontiers de livresque, nous nous tournons du côté des praticiens français, nous aurons la rare chance de voir notre question traitée dès le début, par Beaumanoir. Dans les nos 1596 et 1597, auxquels il faut ajouter le no 1977 (éd. Salmon), il passe en revue les diverses formes de « barat » qu'emploient les débiteurs qui, « ont paour de leurs detes ». Nous y voyons mentionnés, d'abord le moyen classique d'aliénation simulée, ensuite la donation sincère mais frauduleuse. Beaumanoir s'y montre plein de sollicitude pour les créanciers, mais bien que les moyens de protection qu'il offre aux créanciers aboutissent aux mêmes résultats pratiques que l'action ou les actions révocatoires des romanistes, il ne me semble pas qu'il subisse en cette matière l'influence du droit romain.

Et tout d'abord, l'inefficacité dont Beaumanoir frappe la donation frauduleuse n'a rien de commun avec l'action paulienne. En effet, le seul texte où il s'agit d'un acte sincère mais frauduleux, le no 1977 ne vise que les aliénations à titre gratuit, ainsi que cela ressort du numéro suivant. Dans ce passage, Beaumanoir nous rapporte un procès qu'eut « en la court le roi » le comte Guines, qui, après avoir contracté des dettes multiples dont le montant égalait à peu de chose près la valeur de l'actif de son patrimoine, s'était avisé de faire à ses parents « grans dons de ses eritages ». La cour déclara, que « li don ne tenroient pas, ainçois seroient li eritage vendu pour paier les creanciers et, les detes païes, bien tenroient li don selonc ce qui demourroit ». Beaumanoir fait découler cette décision de la clause d'obligation générale de tous les biens, clause sur laquelle furent contractés les engagements du comte Guines (1). Et il pré-

(1) No 1977, i, f. Et par cest jugement, puet on entendre que li don qui sont fet après ce que li eritage sont obligié generaument ne sont pas, ne ne doivent estre en damage des creanciers.

cise au numéro suivant les effets de cette clause : « Autrement seroit se je vendois mon eritage après ce que je l'avroie generaument obligié, car pour general obligacion, je ne suis pas contrains que je ne puisse vendre mon eritage et garantir à l'acheteur ». On le voit, le moyen proposé par Beaumanoir, à la différence de l'action paulienne des romanistes, ne résulte pas d'un quasi-délit ou d'un quasi-contrat, mais dérive directement de la clause d'obligation générale de tous les biens. A la différence encore de l'action paulienne, il ne s'applique pas qu'aux actes à titre gratuit, à l'exclusion des actes à titre onéreux. Entre les deux systèmes il n'y a point de similitude, et pour cause. C'est que le moyen de Beaumanoir ne procède pas d'un délit civil. La clause d'obligation générale de tous les biens, clause qui était de style dans les contrats du Moyen âge, à partir de la fin du XIIe siècle (1), confère au créancier une saisine virtuelle. Cette saisine virtuelle n'est pas un vain mot. Elle est destinée, dès le temps de Beaumanoir, à se matérialiser, en cas de non-paiement en aboutissant à une saisie réelle (2). Elle est, en outre, munie d'un autre effet, celui notamment, de pouvoir être opposée, avec succès, aux autres saisines, moins fortes, comme l'est, par exemple, la saisine du donataire (3). La fraude n'est pas en question, c'est uniquement le conflit des deux saisines qui est envisagée par Beaumanoir.

Cette manière de voir est implicitement confirmée par la théorie que Beaumanoir donne de la simulation. Lorsque, par opposition au cas du comte Guines, il traite des actes simulés, il se place nettement au point de vue délictuel, il parle à chaque instant du « barat » et de la « fraude ». En même temps la sanction est différente. C'est le seigneur qui est chargé de la protection des créanciers, c'est à lui qu'incombe le soin de réprimer le

(1) Giry, *Diplomatique*, p. 559. i, f. Voy. à titre d'exemple, les formulaires de la *Summa notar. Aretii composita* et de la *Summa not. Belluni composita*, publiées toutes les deux dans le vol. III de la *Bibl. juridica medii aevi* de M. Gaudenzi. Comp. encore Beaumanoir, n°s 1094-1097.

(2) Beaumanoir, n° 1593. Le privilège du premier saisissant (n°s 1056, 1057) s'explique également, il me semble, par la théorie du conflit des saisines. La saisine du premier saisissant, s'étant matérialisée, est plus forte que la saisine encore virtuelle des autres créanciers. — Sur la clause d'obligation générale, Voy. Esmein, *Etudes sur les contrats dans le très ancien droit français*, p. 177 et s.

(3) Sur la fragilité de la saisine du donataire, comp. von Bruenneck, *Ueber den Ursprung des sog. jus ad rem*, Berlin, 1869, p. 92 et s.

barat accompli au moyen d'une aliénation simulée. Mais le seigneur ne doit pas se borner à réprimer, il doit également agir de façon préventive. Il ne doit pas notamment ensaisiner à la légère. L'investiture solennelle est un acte public et grave; un vassal ne doit pas s'en jouer. Son intention d'acquérir, et par là de devenir le « sougiés » du seigneur, doit être sincère, car la foi et l'hommage qui précèdent l'investiture sont incompatibles avec l'idée d'une volonté factice, simulée. Le seigneur doit donc faire une enquête préalable sur les intentions de l'acquéreur, son futur vassal (1).

La simulation accomplie malgré ces précautions constitue un manquement à la foi féodale, et sera punie comme telle par la commise, dont le profit sera attribué aux créanciers lésés : « ..... Il (*scil.* li sires) doit regarder liqueus tient les choses et manuevre comme sieues, ou l'acheteres, ou li venderes, et s'il trueve que cil qui les vendi les tiegne et use pour soi comme du sien propre, il i doit geter les mains par deus resons : l'une pour ce qu'il ni i pouoit entrer fors par seigneur puis qu'il s'en estoit issus, et l'autre pour les creanciers fere païer ». La véritable cause de la saisie, dans ce passage, est le défaut de concordance entre la possession de fait et la saisine conférée par l'investiture, une méconnaissance donc de l'autorité seigneuriale. Le « les creanciers fere païer » n'est que le motif, le but économique de la commise, mais non sa cause juridique.

On le voit, la simulation a pour sanction la commise, tandis que l'acte sincère, mais frauduleux, ne donne lieu qu'à un règlement purement civil. Et cela nous confirme dans l'idée, que dans Beaumanoir, l'aliénation frauduleuse, par opposition à la simulation, n'a aucun caractère délictuel, qu'elle ne crée qu'un conflit purement civil de deux saisines, qu'elle est, par conséquent, aussi étrangère que possible à la fraude paulienne des romanistes (2).

(1) Arg. *a contrario* des mots : « Et li sires *qui ne se donne garde du barat* prent la dessaisine du sougiet et baille la saisine à l'autre » (n° 1597, p. 311).

(2) Les recherches de M. Meynial (cinquième article sur les *Renonciations*, *Nouv. Rev. hist.*, 1905) me permettent d'expliquer la fragilité du droit et, par conséquent, de la saisine du donataire : elle se rattache à une théorie générale de l'ancien droit, la distinction entre les personnes qui *certant de lucro captando* et celles qui *certant de damno vitando* (Meynial, *op. cit.*, tirage à part, p. 9). Cette théorie est de formation savante, mais je ne doute pas que la conception coutumière de la donation, fort différente de celle du

9. — Beaumanoir donne, on vient de le voir, une théorie de la fraude assez détaillée; on pourrait donc s'attendre, après ce débat, à rencontrer de fréquentes indications sur ce sujet dans les coutumiers et dans les auteurs postérieurs. — Il n'en est pourtant rien. A ma connaissance il n'existe que trois coutumes qui visent la fraude envers les créanciers. Toutes les trois appartiennent à la même région, et deux d'entre elles paraissent être inspirées par le droit romain. Ce sont les coutumes de la Salle de Lille, ch. X, art. 6, de la ville de Lille, ch. V, art. 10 et de Valenciennes (anc. art. 72 = nouv. art. 70)(1), auxquelles il faut ajouter le célèbre art. 278 de la coutume de Normandie (2). Quant aux auteurs, nous trouvons à la vérité un nombre assez considérable de mentions relatives à l'action paulienne (3), mais, sauf

droit romain (Brunner, *Forschungen*, p. 1-39, p. 661-732), n'ait puissamment aidé à son éclosion chez les légistes. — Le livre de M. Egger, *Vermögenshaftung und Hypothek nach fränkischem Recht*, 1903, n'a pas pu, non plus, être utilisé lors de la rédaction de cette étude. L'inexactitude du titre de ce beau livre — il traite presque exclusivement du droit français — est la seule raison de cette omission.

(1) La Salle de Lille, ch. X, art. 6 (Bourdot de Richebourg, II, p. 905) : L'on ne peut donner ses biens, maisons, fiefs et héritages, au préjudice de ses créanciers. Et sont telles donations à revocquer jusques au furnissement de leur deu. — La ville de Lille, ch. V, art. 10 (*Ibid.*, p. 939) : Une personne ne peut donner ses biens ne heritages au prejudice de ses creanciers. Et se donné les avoit, lesdits creanciers peuvent faire revocquier les donations jusques au fournissement de leur deu. — Anc. cout. de Valenciennes, art. 72 (*Ibid.*, II, p. 231) — Nouv. cout. de Valenciennes, art. 70 (*Ibid.*, II, p. 245) : Il n'est loisible de donner, vendre ou aliener ses biens meubles en fraude ou préjudice de ces crediteurs : mais seront lesdits meubles vendus publiquement à cry et recours, ou du moins par le gré de justice, en delaissant les deniers de ces procedans és mains du Mayeur, l'espace de quinze jours. — L'origine romaine des décisions des deux coutumes lilloises est attestée par l'emploi du mot technique « révoquer ». Quant à la coutume de Valenciennes, sa disposition paraît se rattacher au système coutumier des saisies. Comp., art. 72 de la Nouv. cout. de Valenciennes (*Ibid.* p. 246) : Et si quelque débiteur vend son heritage, ses creanciers se pourront opposer à la délivrance des deniers pour estre payez et remboursez de leurs deus sur iceux, jaçoit que le terme du payement ne fut escheu.

(2) Art. 278, Cout. Normandie : Avenant que le debiteur renonce, ou ne veuille accepter la succession qui lui est échue, ses créanciers pourront se faire subroger en son lieu et droit pour l'accepter et être payés sur la dite succession jusqu'à la concurrence de leur dû, selon l'ordre de priorité et postériorité; et s'il reste aucune chose, les dettes payées, il reviendra aux autres héritiers plus prochains après celui qui a renoncé.

(3) Louët et Brodeau, *Recueil*, lettre R, n°s 19-21; Rousseaud de la Combe, *Recueil*, v° *Fraude*, v° *Renonciation*, sect. II, n° 3; Le Brun,

une ou deux exceptions, on ne rencontre guère d'étude détaillée sur cette question. Le peu d'importance qu'on attachait alors à l'action paulienne n'est pas, ainsi que l'on a cru parfois (1), un témoignage en faveur de la supériorité morale de cette époque sur d'autres. Le fait s'explique, en dehors de toute idée de moralité, par le mécanisme même de la vie juridique du temps. Les débiteurs aux abois recouraient, sous l'ancien régime comme à Rome, aux divers expédients destinés à frauder les créanciers. Mais ces derniers avaient à leur disposition un moyen autrement puissant que l'action paulienne : c'était l'action hypothécaire, qui ne leur faisait défaut que rarement, les actes notariés emportant de plein droit hypothèque générale. Quant à la diminution frauduleuse du patrimoine mobilier, elle avait peu d'importance à une époque qui a vu éclore l'axiome bien connu : *res mobilis, res vilis*. En principe donc, l'hypothèque générale des actes notariés a rendu superflue l'action paulienne. C'est ce qu'indiquent explicitement quelques auteurs, comme p. ex. Rousseaud de la Combe et Argou (2). Il y avait pourtant quelques hypo-

Traité des successions, liv. III, ch. VIII, sect. II, nos 27 et s.; Furgole, *Des testaments*, ch. XI, sect. I, nos 16-25; Choppin, *Sur la coutume d'Anjou*, t. II, liv. III, ch. III, tit. I, no 19; *Idem, Sur la coutume de Paris*, liv. II, tit. V, no 10; Argou, *Inst. au dr. français*, l. IV, ch. IX; Domat, *Lois civiles*, l. II, tit. X; Henrys, *Œuvres*, l. IV, quest. 156; Maynard, *Questions notables*, vol. II, l. VIII, ch. XL; Comp., l. VII, ch. VIII; Charondas le Caron, *Sur la coutume de Paris*, sur l'art. 249; Basnage, *Coutume de Normandie*, sur l'art. 278; Ricard, *Des donations*, t. I, part. III, sect. 3, nos 747-755 ; Poullain du Parc, *Principes du dr. français suivant les maximes de Bretagne*, l. III, ch. I, sect. I, no 29 ; l. III, ch. XX, sect. 5, nos 136, 147-149; Bacquet, *Tr. des droits de Justice*, ch. XXI, nos 355-359; Cl. de Ferrière, *Corps et compilation*, tit. X, glo. 2, nos 13-15, tit. XIII, § 3, nos 6 et 7; tit. XV, art. 316, glo. 2, nos 21 et s.; *Idem, Dictionnaire*, vo *Créancier*, vo *Renonciation à une succession échue ; Idem, Nouveau Commentaire*, éd. 1708, t. II, p. 343. *Idem, Traduction des Institutes, ad* § *Item si quis* l. *de actionibus*; Boutaric, *Les Institutes de Justinien, ad* § *cit.;* Cl. Serre, *Institutes, ad* § *cit.; Journal des Audiences*, vol. V, p. I, l. III, ch. XXIX, arr. du 20-VII-1703 (éd. 1736, p. 389 et s.).

(1) Kohler, *Natur der Paulianischen Klage* dans les *Gesammelte Abhandlungen*, p. 327.

(2) Rousseaud de la Combe, *op. cit.*, vo *Fraude* (éd. 1756, p. 285). Nous ne suivons en aucun point les titres *ff. et Cod. quae in fraud. cred.* Nous avons d'autres remèdes pour nous garantir des aliénations faites par les débiteurs en fraude de leurs créanciers; sçavoir l'action en déclaration d'hypothèque pour les fonds; les oppositions entre les mains des débiteurs pour les rentes sur particuliers, soit foncières ou constituées; les oppositions entre les mains du Conservateur des hypothèques, pour les rentes sur le

thèses où l'action hypothécaire ne pouvait pas être mise en mouvement, et où la fraude était particulièrement à redouter. Je fais allusion aux cas de renonciatien frauduleuse à une succession ou à une échoite (1), de refus frauduleux de demander la légitime et aux hypothèses analogues. Les auteurs que nous avons énumérés plus haut s'occupent précisément de ces cas, lorsqu'ils parlent de l'action paulienne, et ce sont exclusivement ces hypothèses que nous fournit l'ancienne jurisprudence en matière de fraude (2).

10. — Il est assez malaisé de préciser, d'après les documents que nous venons de citer, quelle est, pour les juristes de cette époque, la nature de l'action paulienne. Les auteurs, praticiens sans prétention, ne font pas de théories ; d'autre part, le champ d'application de l'action paulienne étant très restreint à cette période, il est difficile de reconstruire la théorie de la fraude en faisant une synthèse de ses effets.

Ce n'est pourtant pas impossible. Tout d'abord, on remarquera que la plupart des auteurs rattachent l'action révocatoire au droit

roi ; et les oppositions au titre ou au sceau, pour les offices. A l'égard du mobilier, V. *Banqueroute*. Nos usages sont même contradictoirement opposés aux Loix Romaines en ce point. Nous accordons au créancier la faculté d'accepter à ses risques une succession ou un legs ausquels son débiteur a renoncé, contre la l. 6, ff. *quae in fraud. cred.* et la l. 134 *de reg. jur.* — Argou, *Inst. du dr. français*, liv. IV, ch. IX : Parmi nous l'action révocatoire n'est gueres en usage... on a considéré sans doute que nos contrats qui sont passés par devant notaires emportent hypothèque sur tous les biens du débiteur, que l'on prête gueres que sur la foi de ces hypothèques et que l'on ne compte presque jamais pour rien les effets mobiliers du débiteur.

(1) Après avoir refusé l'action paulienne contre les renonciations frauduleuses à une échoite, la jurisprudence a fini par l'admettre. Louët et Brodeau, *Recueil*, lettre R, n° 20 (éd. 1700, t. II, p. 374) ; Cl. de Ferrière, *Corps et compilation*, tit. XV, art. 316, glo. 2, n°s 21 et s. (éd. 1714, vol. IV, p. 660 et s.).

(2) Voici la liste de ces arrêts : Parl. de Paris, 27 janv. 1596, 9 avr. 1596, 28 mars 1589, 8 juill. 1598, 9 mars 1609, 29 juill. 1625 (tous mentionnés dans Louët et Brodeau, *op. cit.*, lettre R, n°s 19-21 [éd. cit., vol. II, p. 373 et s.]) ; Toulouse, 1579 ; Paris, décembre 1561 (Maynard, *Quest. notables*, vol. II, l. VIII, ch. XL, éd. Paris, 1606, p. 751 et s.) ; Paris, 16 févr. 1566 (Charondas, *Sur la cout. de Paris*, art. 249, éd. 1637, p. 181, i. f.) ; Paris, 23 juin 1640 (Henrys, liv. IV, quest. 156, éd. 1738, vol. II, p. 871) ; Paris, 7 juill. 1644 (Basnage, *Sur l'art. 278 de Cout. de Normandie*, éd. Rouen 1778, p. 486) ; Paris, 20 juill. 1703 (*Journal des Audiences*, éd. 1736, vol. V, p. 1, liv. III, ch. XXIX, p. 389 et s.). Cf. une hypothèse très curieuse dans Basnage, *op. et loc. cit.*, *in fine* (arrêt du 6 févr. 1643).

romain; il semble donc légitime de supposer qu'ils voient en elle, avec la doctrine qui a triomphé chez les romanistes, une action purement personnelle résultant d'un quasi-délit ou d'un quasi-contrat. Cette supposition est confirmée par la distinction que fait Furgole — l'auteur qui traite le plus abondamment notre sujet —, entre le donataire de bonne foi et celui de mauvaise foi. « Il y a pourtant, dit-il, cette différence entre celui qui connaît la fraude et celui qui l'ignore, que le premier est tenu *in solidum*, à concurrence de la valeur de la chose donnée; au lieu que le second n'est tenu que *in quantum locupletior factus est* (1) ». Cette distinction nous indique clairement que pour Furgole l'action paulienne n'est pas une action en nullité, dont les effets sont toujours les mêmes, mais qu'elle est une poursuite en réparation d'un délit civil, poursuite qui tend à obtenir une indemnité intégrale de l'auteur du délit et de ses complices, mais qui est limitée au montant de l'enrichissement envers un défendeur de bonne foi (2). Le caractère réparatoire de l'action paulienne ressort encore de la discussion à laquelle se livre Le Brun à propos de la dévolution du surplus de la succession non absorbé par les créanciers qui avaient révoqué la renonciation frauduleuse de l'héritier (3). Enfin Bretonnier en commentant un arrêt statuant

(1) *Des testaments*, ch. XI, sect. I, n° 18 (éd. 1746-1748, p. 260).

(2) Le même auteur, il est vrai, nous déclare un peu plus bas, au n° 24, que l'action paulienne est réelle : « Elle est appelée action paulienne, elle est réelle et révoque la tradition faite, § *Item si quis*, I. *De actionibus;* elle produit encore une action *in factum*, l. X, § 1er, ff. *quae in fraud.* De plus, la loi 67, §§ 1 et 2 et la loi 96, *ff. de solut.* lui donne le nom d'interdit : *interdictum fraudatorium* ». Ce passage, où l'auteur veut faire preuve de son érudition, est dénué de toute valeur; il a dû être copié sur quelque commentaire de droit romain, c'est une citation platonique. L'opinion que l'auteur y émet sur l'action paulienne n'a aucune portée, et ne peut, en aucun cas, prévaloir contre le passage cité dans le texte avec lequel elle se trouve en contradiction formelle.

(3) *Traité des successions*, l. III, ch. VIII, sect. II, n° 29 (éd. 1775, p. 194) : « Un frère ayant ainsi renoncé à la succession de son père en fraude de ses propres créanciers et sa renonciation ayant été déclarée nulle, et les créanciers reçus à exercer ses droits, il s'est trouvé que, ses dettes payées, il y avoit un restant considérable, et l'on a demandé à qui ce restant devoit appartenir, ou au renonçant qui semble être rentré dans ses droits, dès lors que sa renonciation avoit été déclarée nulle; ou à des cousins du défunt que l'on prétendoit exclure néanmoins, sous prétexte qu'ils étoient soupçonnés d'avoir participé à la fraude du renonçant; ou à d'autres cousins, d'un degré suivant, qui, seuls, paroissoient innocens et n'avoir aucune part au concert de fraude. Et il est mal-aisé d'admettre le renonçant, dont la renonciation ne souffre aucune atteinte que pour l'intérêt de ses créanciers et sub-

sur l'action paulienne, arrêt rapporté par Henrys, s'exprime en ces termes : « Je n'ai point d'observation à faire sur cela, ces sortes de procès dépendent des circonstances, des faits sur lesquels les jurisconsultes ne répondent point, *quaestiones quae sunt magis facti quam juris, a juris auctoribus decidi non possunt* » (1). Ce langage se concilie mal avec l'opinion qui voit dans l'action paulienne une action en nullité, les nullités étant toujours rigoureusement précisées d'après les règles fixes, objectives. Mais il est en parfaite concordance avec l'idée d'une réparation due *ex delicto* ou *ex quasi-contractu*, selon les circonstances variables des faits. N'est-ce pas, en effet, une caractéristique de cette théorie que de faire dépendre le montant de l'indemnité de l'étendue variable du préjudice causé ou des limites, non moins variables, de l'enrichissement? Et ce sont vraiment des questions de fait que la culpabilité des parties et l'évaluation de la réparation.

Je ferai encore remarquer qu'aucun auteur ne propose la prescription décennale pour l'action paulienne. Et il serait tout au moins surprenant, dans le cas où cette action eût été considérée comme une action en nullité, que les jurisconsultes n'eussent pas tenté de concilier cette solution avec la prescription décennale de l'article 40 de l'ordonnance de Louis XII de 1512. Or la prescription de l'action paulienne est fixée à trente ans, et Ricard et Furgole, qui nous indiquent ce délai, se préoccupent non de l'ordonnance, mais de l'édit du préteur (2).

11. — Dans la rapide analyse qui précède j'ai omis, de propos délibéré, de mentionner la doctrine de Domat. Ce jurisconsulte mérite, en effet, une place à part aussi bien pour la

siste au surplus, qui, d'ailleurs, ne peut pas alléguer son propre dol pour être relevé de ce qu'il a fait. Ses cousins germains, qui sont dans le degré suivant, semblent plus favorables, à moins qu'ils ne soient convaincus, d'avoir participé à la fraude, auquel cas ils sembleroient d'abord devoir être exclus, suivant la l. *quod autem*, 6 § 8, *ff. quae in fraudem :* mais cette loi dit seulement que l'édit comprend ceux qui participent et prêtent la main à la fraude, et qu'il leur ôte ce qu'ils ont reçu pour le débiteur, mais le tout pour l'intérêt des créanciers : ainsi l'action révocatoire ne comprend point le résidu, les dettes acquittées, et il semble que la renonciation doit profiter à ce degré suivant, pour ce surplus. Le même article 277 de la Cout. de Normandie le décide ainsi ».

(1) Bretonnier sur Henrys, liv. IV, quest. 156 (*Œuvres*, éd. 1738, vol. II, p. 871).

(2) Ricard, *Des donations*, t. I, p. 3, sect. III, n° 755; Furgole, *Des testaments*, chap. XI, sect. I, n° 24.

place importante qu'il assigne dans ses « Loix civiles » à l'examen de l'action paulienne, que pour l'influence qu'il semble avoir exercée sur quelques auteurs modernes.

Domat est un des auteurs qui a le mieux établi la théorie de l'action en indemnité. Il traite de l'action paulienne au titre X du livre II, lequel livre est intitulé : « *Des engagements qui se forment sans convention* ». Et de peur qu'on ne méconnaisse sa pensée — on dirait qu'il avait prévu la singulière méprise à laquelle a prêté son texte — il a soin dès le début de souligner cette idée d'engagement personnel. « Quoyque les fraudes au préjudice des créanciers, dit-il, se fassent souvent par des conventions entre les débiteurs et ceux qui sont avec eux d'intelligence, les engagements qui naissent de ces fraudes, et qui obligent envers les créanciers ceux qui y participent, ne laissent pas d'être du nombre des engagements qui se forment sans convention ; car il ne s'en passe aucune entr'eux et le créancier » (1). L'objet de cet engagement purement personnel est une indemnité à accorder au créancier. « Tous ceux qui contribuent aux fraudes que font ces débiteurs à leurs créanciers, soit qu'ils en profitent, ou qu'ils prêtent seulement leurs noms (2), sont tenus de *réparer le tort* qu'ils ont faits. Ainsi, ceux qui acceptent des transports frauduleux de ce qui est dû au débiteur, sont tenus de remettre aux créanciers les titres des créances avec leurs transports, etc... » (3). « Le débiteur, dit-il encore (4), qui a fraudé ses créanciers n'est pas seulement tenu de *réparer* autant qu'il peut sur ses biens l'effet de la fraude, mais il doit aussi être condamné aux peines qu'il pourra mériter selon les circonstances ». — On ne pourrait indiquer en termes plus nets ou plus clairs l'idée du caractère réparatoire de l'action paulienne. Et pourtant il a été soutenu de nos jours que Domat professait la théorie de la nullité des actes frauduleux, et, voyant dans l'auteur des « Loix civiles » le représentant le plus autorisé de la tradition, on a cru pouvoir affirmer que la théorie de la nullité était celle de l'ancien droit français (5). La raison de cette singulière attribution se trouve dans ce fait, qu'au nº 7 de la pre-

(1) Liv. II, t. X, pr. (éd. 1695, t. I, p. 177).

(2) Domat confond la simulation avec la fraude, et il donne l'action paulienne même contre les actes simulés, *hoc tit.*, sect. I, nº 10 (éd. cit., p. 185).

(3) *H. t.* sect. II, nº 2 (éd. cit., p. 188 et s.).

(4) *H. t.*, sect. II, nº 3 (éd. cit., p. 189).

(5) Baudry-Lacantinerie et Barde, *Des obligations*, 2ᵉ éd., t. I, nº 706.

mière section de notre titre, Domat emploie l'expression : « tous les contrats, et autres actes, et dispositions faites en fraude des créanciers, seront *annullées* ». Après l'analyse qui a été faite plus haut (n° 6) de la doctrine de Gomez, nous sommes fixés sur la valeur de ce terme. Nous savons qu'il avait été employé de tout temps pour préciser l'effet pratique auquel aboutit l'exercice de l'action paulienne, effet que la glose décrit dans un langage plus correct : *non valet in effectu, non tamen est nulla ipso jure*. Je ferai seulement remarquer que Domat n'emploie ce mot malencontreux qu'une seule fois dans tout le titre. Infiniment plus circonspect que Le Brun ou Furgole par exemple, qui, tout en suivant la théorie commune, emploient assez souvent les mots : « nul », « annuler », etc., Domat évite soigneusement ces expressions équivoques : il nous parle de la *révocation* des actes frauduleux, de la *restitution* des choses reçues en fraude des créanciers, de la *réparation* du dommage causé, et ce n'est qu'une seule et unique fois qu'il laisse échapper le mot « *annulés* ». Ce n'est donc même pas l'usage constant d'une expression ambiguë que nous pouvons constater chez lui, mais seulement une défaillance exceptionnelle de son langage, ordinairement très correct (1). Il est inadmissible que sur la foi de ce mot isolé on attribue à Domat une théorie qui va à l'encontre de tout ce qu'il nous a dit au sujet de l'action paulienne. Il est également inadmissible qu'un terme équivoque, dont la signification n'a jamais été bien précise chez les anciens auteurs, serve à établir la tradition. La véritable tradition, nous l'avons vu, est franchement contraire à l'idée de la nullité des actes frauduleux. Malgré les contradictions de Jaso et de Cujas, elle n'a pas cessé de voir dans l'action paulienne une action en indemnité due en vertu d'un acte illicite et préjudiciable.

II. — **Partie dogmatique.**

12. — Nous avons vu dans la partie historique de cette étude que la tradition est défavorable à la théorie de la nullité des actes frauduleux. Cette constatation aurait suffi pour établir que

(1) Je ferai encore remarquer que Domat traite la fraude au titre « *Des engagements qui se forment sans convention* », tandis que le dol et la violence sont traités au livre I, t: XVII, « *Des vices du consentement* ». Si l'action paulienne était considérée par Domat comme une action en nullité, il n'aurait pas manqué d'en parler au livre I, à la suite des nullités qui tirent leurs origines de la théorie des autres délits prétoriens (dol, violence).

les effets de l'acte frauduleux se bornent à faire naître une obligation d'indemniser les créanciers frustrés, si l'action paulienne avait été d'usage fréquent dans l'ancien droit. Malheureusement, son champ d'application a été fort restreint sous une législation qui admettait l'hypothèque générale des actes notariés, et cette circonstance nous oblige à confirmer les résultats auxquels ont abouti nos recherches historiques par une étude dogmatique de l'action paulienne.

13. — Les textes législatifs n'apportent pas beaucoup de lumières sur notre question. L'article 1167, qui est comme le siège de la matière, se borne à mentionner, dans une formule de concision presque lapidaire, l'existence de l'action paulienne. L'article 243 (ancien 271) dit, il est vrai, à propos d'un cas spécial d'aliénation frauduleuse, qu'elle « sera déclarée nulle » (1). L'argument qu'on voudrait tirer de ce texte en faveur de la nullité des actes frauduleux ne serait pas péremptoire, même en l'absence des précédents historiques établissant la signification équivoque du mot « nullité », nos Codes ne se distinguant pas précisément par l'usage d'une terminologie rigoureusement scientifique. Il est dépourvu de toute valeur en présence du caractère mal défini que l'usage antérieur au Code attribue à ce mot élastique de « nullité ».

En restant sur le terrain des textes, on pourrait encore invoquer en faveur de la théorie de la nullité l'argument d'analogie tiré des articles 446 et suiv. du Code de commerce ou plutôt des articles 444 et suiv. de la rédaction primitive (2). Mais cette analogie est trompeuse. La théorie des actes accomplis par le failli pendant la période suspecte n'est, historiquement, qu'une conséquence de la théorie du report de faillite, en vertu de laquelle le dessaisissement du failli prend naissance dès l'ouverture de la période supecte (3). Or la théorie du dessaisissement ne se confond pas avec la théorie de l'action paulienne, encore qu'elle la côtoie (4).

14. — Si les textes législatifs ne nous permettent pas de tirer argument en faveur de la nullité des actes frauduleux, ils ne

(1) *Adde*, art. 622 et 788, C. civ.

(2) Cet argument a été invoqué par Windscheid (cité par Kohler, *op. cit.*, p. 331).

(3) C'est ce que démontre M. Kohler, *Leitfaden des deutschen Konkursrechts*, 2e éd., p. 129 et s.

(4) Sur la démonstration historique de cette proposition, V. Kohler, *Leitfaden*, *l. cit.* Sur la démonstration dogmatique, V. le même, *ibid.*, p. 72 et s., et Thaller, *Traité élémentaire de dr. comm.*, 3e éd., nos 1702 à 1706.

nous autorisent pas davantage à conclure que l'action paulienne est une action en réparation du préjudice causé. Étant muets sur les conditions et les effets de l'action, ils laissent notre question entière. Pour pouvoir déterminer la nature de l'action paulienne il faut nous adresser ailleurs, rechercher notamment ses caractères tels que les a fixés la coutume moderne. C'est en effet la coutume qui a déterminé les conditions d'exercice de l'action révocatoire, ses effets à l'égard des parties en cause et ses conséquences envers les tiers.

Elle a notamment fixé les points suivants :

1° Que l'action paulienne est purement personnelle.

2° Qu'elle est soumise à la prescription trentenaire.

3° Qu'elle exige la mauvaise foi de l'acquéreur à titre onéreux, mais qu'elle est donnée contre un donataire même de bonne foi.

4° Que le bénéficiaire de l'acte frauduleux ne cesse pas d'être tenu de l'action paulienne par l'aliénation de la chose acquise en fraude des créanciers.

5° Que dans ce dernier cas le sous-acquéreur est également tenu de l'action paulienne sous bénéfice de la distinction exposée *sub.* 3°.

6° Que l'acte frauduleux subsiste entre les parties.

7° Que le défendeur éventuel à l'action paulienne peut l'écarter en offrant au créancier le montant de sa créance (1).

Ces règles, qui sont aujourd'hui admises sans contestation par la doctrine française, vont nous servir de pierre de touche pour apprécier la valeur respective des deux théories émises sur la nature de l'action paulienne.

15. — L'action paulienne est une action personnelle. Cette règle, qui n'a jamais fait de doute en doctrine, paraît également triompher dans la jurisprudence la plus récente (Civ., 30 juill. 1884, D. 85. 1. 62). Elle ne se concilie pourtant bien qu'avec la théorie suivant laquelle l'action paulienne sanctionne une créance d'indemnité. On pourrait même dire que les deux antithèses : action en indemnité et action en nullité, action personnelle et action réelle ne sont que deux formules différentes de la même controverse, et, en effet, bon nombre d'auteurs, et non des moindres (Demolombe, Labbé, Vigié), font explicitement cette assimilation. Il est vrai que les partisans de la théorie de la nullité

(1) En ce sens déjà Acc. glo. *eam rem petere i. f. ad* § 6, I. *de actionibus.*

des actes frauduleux protestent avec énergie contre cette manière de voir. Mais les arguments qu'on fait valoir en faveur d'une action personnelle en nullité sont loin d'être convaincants. Il y a même une considération qui s'oppose d'une façon absolue à cette conception de l'action paulienne. Je fais allusion à l'hypothèse du transfert frauduleux d'un droit réel. En effet, en vertu d'un principe bien connu du droit français, la convention génératrice d'une obligation de transfert se confond avec le transfert même (art. 711, 1138, 1583, C. civ.). D'où il résulte que celui qui invoque la nullité d'une pareille convention fait valoir en même temps la nullité du droit réel créé par cette convention. Or, une action qui s'attaque à un droit réel, qui tend à le déclarer nul, contient nécessairement un élément réel. Celui qui fait valoir la nullité d'un droit réel agit en vertu d'un droit réel existant à son profit. On ne peut arguer de nullité un droit réel qu'en vertu d'un droit réel inverse qu'on a sur la chose. Si le défendeur est propriétaire sous condition (1) résolutoire d'une annulation en justice, c'est que le demandeur est également propriétaire de la même chose, sous la même condition, mais suspensive. Toutes les nullités du droit français, qu'elles soient fondées sur un vice de consentement ou sur toute autre cause, contiennent un élément réel, lorsqu'elles sont dirigées contre une convention de donner. S'il n'en était pas ainsi, le tribunal saisi d'une action en nullité devrait se borner à prononcer la nullité sans pouvoir ordonner la restitution de la chose. L'action en nullité ne serait qu'un moyen rescindant, pour employer la terminologie de l'ancien droit. J'ajouterai encore que dans ce système l'effet rétroactif de l'annulation prononcée en justice constituerait une fiction inexplicable, tandis qu'il se justifie pleinement dans la théorie qui admet que le demandeur en nullité, en faisant valoir la nullité du droit réel du défendeur, soutient implicitement la persistance de ce droit à son profit.

MM. Baudry-Lacantinerie et Barde (*Des obligations*, 2e éd. I, no 707) nous paraissent donc se tromper, lorsqu'ils déclarent que même pour les partisans de la nullité des actes frauduleux aucun principe juridique ne commande d'admettre l'existence d'un droit réel au profit des créanciers agissant en vertu de l'article 1167

(1) A la vérité, il ne s'agit pas ici d'une véritable condition, puisque, en théorie tout au moins, l'annulation n'est pas un événement incertain. Mais cette observation n'infirme en rien le raisonnement exposé dans le texte, l'annulation en justice ayant également un effet rétroactif.

du Code civil. Le mot « même » est de trop. Pour être logique, la théorie que nous critiquons devrait considérer l'action paulienne comme une action réelle ou mixte (selon l'opinion qu'on adopte sur la question des actions mixtes), puisque toute action en nullité contient nécessairement un élément réel.

16. — Ainsi donc la théorie de la nullité des actes frauduleux concorde mal avec l'opinion dominante qui voit dans l'action paulienne une action purement personnelle. Nous constatons la même incompatibilité entre cette théorie et la règle selon laquelle l'action révocatoire ne peut atteindre un acquéreur à titre onéreux qu'à la condition qu'il soit *conscius fraudis*, et est limitée au montant de l'enrichissement, lorsqu'elle est dirigée contre un donataire de bonne foi. C'est qu'en effet le caractère distinctif des nullités est qu'elles sanctionnent un vice inhérent à l'acte même. Sans se préoccuper de conditions extrinsèques, telles que, par exemple, la bonne ou mauvaise foi d'une des parties, la nullité frappe pour ainsi dire objectivement, aveuglément l'acte, dès qu'une des conditions intrinsèques, requises pour sa validité, se trouve faire défaut. Une conséquence de cette nature objective de la nullité est que ses effets sont toujours les mêmes, quelque variées que soient les conditions extrinsèques dans lesquelles l'irrégularité a pu être commise. La nullité, son nom l'indique assez clairement, ne peut avoir qu'un effet : l'anéantissement de l'acte incriminé (le rescindant), suivi de la remise des choses en ancien état (le rescisoire). *Quod nullum est nullum habet effectum.* Tous ces principes subissent un accroc grave en matière de l'action paulienne. Si nous recherchons, par exemple, les caractères communs des divers actes frauduleux tombant sous le coup de l'article 1167 du Code civil, nous constaterons qu'il n'y a que deux éléments qui se retrouvent dans toutes les hypothèses, savoir le *consilium fraudis* et l'*eventus damni*. Après ce qui a été dit au début de ce paragraphe, ces deux traits distinctifs de la fraude devraient avoir, dans toutes les hypothèses, pour conséquence nécessaire l'annulation de l'acte frauduleux. Or c'est précisément le contraire qui a lieu. Le *consilium fraudis* et l'*eventus damni* sont bien les deux conditions intrinsèques qui sont nécessaires et suffisantes pour qu'un acte à titre gratuit soit révoqué. Mais elles ne suffisent plus pour la révocation des actes à titre onéreux. Pour que l'action paulienne réussisse contre ceux-ci, il faut qu'à ces conditions intrinsèques à l'acte s'en ajoute une autre, purement subjective, de la mauvaise foi du défendeur. Ceci est déjà bien étrange, mais il y a encore plus. Pour les actes à titre gratuit les conditions d'existence de la nullité sont, conformément aux principes, indépendantes des circonstances subjectives de la bonne ou mauvaise foi du défendeur. Cependant la nullité, même dans ce cas, n'est pas objective : la moralité du défendeur intervient encore ici, bien qu'à un titre différent. Si elle ne sert pas à déterminer les conditions de la nullité, elle en précise, en revanche, les effets : selon la moralité du défendeur l'anéantissement de l'acte incriminé sera complet ou limité seulement au montant de l'enrichissement. Et ce second accroc au principe de l'objectivité des nullités est infiniment plus grave que ne l'était le premier. En effet, si l'on comprend à la rigueur que la bonne foi du défendeur puisse constituer une sauvegarde efficace contre la nullité d'un acte, l'idée d'un acte partiellement nul, inefficace dans les limites de l'enrichissement, valable au delà de ces limites, présente quelque chose d'inconcevable au point de vue juridique. Cette construction qui contient une *contradictio in adjecto* est inadmissible, et on ne saurait lui trouver d'exemple dans aucun droit soit français, soit étranger. En tout cas la nullité des actes frauduleux donnerait pour ainsi dire une cote mal taillée : tantôt les conditions de son existence, tantôt ses effets resteraient subordonnés, contrairement aux principes, à un élément purement subjectif, extrinsèque à l'acte, la bonne ou mauvaise foi du défendeur. Et cette circonstance suffirait, à elle seule, pour démontrer les vices de la théorie que nous critiquons.

17. — La règle selon laquelle l'action paulienne ne réussit contre un sous-acquéreur que sous les mêmes distinctions que contre le premier acquéreur, celui qui a traité directement avec le *fraudator*, ne concorde pas mieux que la précédente avec la théorie de la nullité des actes frauduleux. Elle se heurte, en effet, à la maxime : *Resoluto jure dantis, resolvitur jus accipientis*, maxime qui est consacrée par un texte formel du Code, l'art. 2125. « Je ne sais — écrivait jadis M. Planiol (1) — comment nos meilleurs auteurs, qui sont unanimes sur ce point, concilient cette solution avec leur idée d'une annulation prononcée dans l'intérêt des créanciers ». Ces lignes, écrites il y a une vingtaine d'années, n'ont rien perdu de leur justesse. Elles ont même acquis une saveur particulière depuis que M. Planiol, revenant sur son

(1) *Revue critique de législation*, 1882, p. 502.

idée, s'est rallié dans son *Traité élémentaire* à la théorie de la nullité, son livre constatant cet effet de l'action paulienne, mais ne l'expliquant point (2e éd., II, nº 325). MM. Baudry-Lacantinerie et Barde (1) ont tenté de donner, à défaut de M. Planiol, cette explication. Pour eux l'application de la distinction dont il est question a la même raison pour le sous-acquéreur que pour l'acquéreur primitif. *Eadem est ratio.* Malheureusement, nous venons de le démontrer dans le numéro qui précède, dans le système de la nullité cette raison n'existe pas en ce qui concerne l'acquéreur primitif; elle contient déjà dans ce cas une impossibilité juridique, une *contradictio in adjecto*, et on ne fait qu'aggraver le mal en appliquant cette distinction au sous-acquéreur.

18. — Lorsqu'une personne soumise à l'action paulienne a aliéné l'objet acquis frauduleusement, elle n'en demeure pas moins exposée à cette action. Les auteurs qui soutiennent la nullité des actes faits en fraude des créanciers mentionnent cet effet de l'action révocatoire, mais ils ne l'expliquent point. Il ne se justifie, en effet, d'aucune façon dans leur système. Pour eux la fraude ne produit qu'un effet, à savoir la nullité de l'acte préjudiciable aux créanciers. En supposant qu'un acquéreur à titre onéreux ait donné la chose à un tiers de bonne foi, la nullité prononcée ne devrait avoir qu'un seul effet, c'est d'annuler la donation dans les limites de l'enrichissement qu'en a tiré le donataire. En vertu de quel droit le premier acquéreur, celui qui a traité de mauvaise foi avec le *fraudator*, serait-il tenu du surplus? Parce que l'action en nullité intentée contre le sous-acquéreur ne donne qu'une satisfaction partielle aux créanciers, et que le premier acquéreur est tenu de réparer les conséquences préjudiciables d'un acte qui lui est imputable? Mais il paraît excessif de rendre le premier acquéreur responsable de l'inefficacité partielle de l'action révocatoire. La faute en incombe plutôt aux commentateurs, qui, ayant tout d'abord décrété la nullité des actes frauduleux, 'ont ensuite restreinte, envers un donataire de bonne foi, aux limites de son enrichissement. Est-ce que d'ailleurs l'action paulienne aurait un double objet, interchangeable en quelque sorte au gré du demandeur, qui pourrait, selon les besoins de la cause, faire prononcer tantôt la nullité de l'acte, tantôt une condamnation à des dommages-intérêts? Ou

(1) *Des obligations*, 2e éd., I, nº 667.

peut-être, est-ce abusivement que nous parlons dans cette hypothèse de l'action paulienue, et en réalité est-ce l'article 1382 et non l'article 1167 qui aurait été mis en mouvement? — Aucune de ces explications n'est satisfaisante, car l'unité de l'objet de l'action révocatoire est attestée par une tradition plusieurs fois séculaire, et la même tradition désigne notre hypothèse comme étant bel et bien celle de l'action paulienne. Cette particularité reste donc inexpliquée dans le système de la nullité des actes frauduleux.

19. — Si l'action paulienne est une action en nullité, le défendeur, en souffrant que les créanciers du *fraudator* saisissent le bien acquis frauduleusement, paye pour autrui, et, comme le remarque très justement M. Planiol (*Rev. crit., l. cit.*), il doit jouir du bénéfice de subrogation légale. C'est encore une solution inadmissible et pourtant elle s'impose comme une conséquence logique du système de la nullité, l'acte frauduleux n'étant annulé que dans l'intérêt des créanciers, mais subsistant, au contraire, à l'égard des parties contractantes. Le défendeur ne peut, en outre, dans ce système, écarter l'action paulieune en désintéressant les créanciers, car ce droit est exceptionnel en matière de nullité et aucun texte ne le donne au défendeur (Comp. Vigié, II, n° 1256).

20. — Il serait surprenant que la nullité des actes frauduleux, qui ne ressemble en rien aux autres nullités, se prescrivît par le délai ordinaire en cette matière, par dix ans. En effet, elle est soumise à la prescription trentenaire, pour cette raison — disent les partisans de la théorie de la nullité — que l'article 1304 du Code civil ne concerne que les actions en nullité intentées par les parties contractantes elles-mêmes. Cette dernière règle n'est écrite nulle part dans le Code, et j'ai de vagues soupçons qu'elle ne fut inventée que dans le but de ne pas appliquer l'article 1304 à l'hypothèse de l'action paulienne puisqu'on ne la voit intervenir que dans cette hypothèse-là. En ce cas, elle constituerait une pétition de principe. D'ailleurs, cette règle n'est pas vraie; témoin l'article 225, cbn. article 1304. Le mari qui veut annuler un acte fait sans son autorisation par la femme, se verra opposer la prescription décennale, bien qu'il n'ait pas été partie au contrat. Si je ne me trompe, c'est à M. Planiol (*Rev. crit., loc. cit.*) que revient l'honneur d'avoir formulé le premier cette objection pénétrante. Aujourd'hui, il est vrai, M. Planiol feint d'ignorer cet argument qui va à l'encontre de sa nouvelle thèse, mais cette circonstance ne fait qu'augmenter la force de l'objection qui vient d'être exposée. — Pour écarter l'application de l'article 1304 à l'action paulienne, on dit encore que cet article ne vise que les conventions, et qu'un acte frauduleux n'étant pas nécessairement une convention, la prescription décennale n'y saurait être appliquée. Ce raisonnement prouverait tout au plus que les actes frauduleux unilatéraux seraient soumis à la prescription trentenaire, tandis que la prescription de dix ans continuerait à régir les conventions frauduleuses. Ce résultat serait peut-être un peu bizarre, mais, dans le système de la nullité, on n'en est pas à compter une bizarrerie de plus ou de moins. L'étrange esthétique de ce système qui veut que les conditions et les effets de la nullité varient selon les actes et les individus, cette esthétique un peu enchevêtrée semble même commander souverainement la diversité dans la durée de l'action paulienne.

21. — Ainsi des sept caractères que la coutume attribue à l'action paulienne, il n'y en a pas un seul qui se concilie avec la théorie selon laquelle l'acte frauduleux est un acte annulable. Ils s'expliquent, au contraire, tous dans le système qui voit dans l'action de l'article 1167 une action en indemnité. Ce système part, en effet, d'une idée fondamentale, savoir que l'acte frauduleux est un fait illicite, un délit civil. Sous le nom d'action paulienne on applique à ce fait le droit commun ; toutes les conséquences de la fraude demeureraient les mêmes, si, à défaut des règles concrètes que la coutume attribue à l'action paulienne, on lui appliquait la théorie générale des délits. L'acte accompli en fraude des créanciers est un fait illicite, il doit donc, en vertu de l'article 1382 du Code civil, faire naître une créance d'indemnité au profit des victimes. Au point de vue passif, cette créance pèse sur l'auteur du délit et ses complices. Toutes ces personnes sont tenues solidairement (1). L'auteur principal étant, par hypothèse, insolvable, l'obligation aux dommages-intérêts se concentre pratiquement sur la tête des complices, c'est-à-dire de tous les acquéreurs et sous-acquéreurs de mauvaise foi. Chacun d'eux, étant obligé *ex delicto*, est tenu de réparer intégralement le dommage causé par son fait : dans leurs rapports entre eux la contribution définitive s'établira d'après les principes habituels de la théorie de la fraude com-

(1) Je laisse de côté la question de savoir si cette solidarité est de même nature que la solidarité conventionnelle, ou bien une modalité différente.

mune. En second lieu, le délit n'oblige pas que l'auteur et ses complices ; il permet, en outre, de poursuivre celui qui, de bonne foi, a tiré profit de l'acte délictuel, et ce dans les limites de son enrichissement. Soit une donation qui a pour conséquence de créer ou d'augmenter l'insolvabilité du donateur. Le donataire, que nous supposons être de bonne foi, n'est pas obligé en vertu de l'article 1382 du Code civil. Mais l'acte dont il profite est un fait illicite, qui augmente son patrimoine aux dépens des créanciers du *fraudator*, il s'analyse donc en un enrichissement sans cause. L'acquéreur (de bonne foi) à titre onéreux est dans une situation meilleure : il a fourni un équivalent, un prix. Les créanciers seraient mal venus à critiquer son acquisition, car, ayant un droit de gage général sur l'*universalité* du patrimoine de leur débiteur, ils doivent souffrir qu'on leur oppose la règle : *In judiciis universalibus res succedit in locum pretii, pretium in locum rei.* Et ceci nous explique pourquoi l'acquéreur à titre onéreux est protégé par sa bonne foi, tandis que l'acquéreur à titre gratuit ne l'est pas.

Que les diverses créances auxquelles donne lieu le fait illicite soient recouvrables toutes par une action personnelle soumise à la prescription trentenaire, cela se conçoit sans peine. Que cette action ne réfléchisse pas contre les tiers et laisse subsister l'acte en son entier, cela n'est également que l'application du droit commun.

22. — La théorie suivant laquelle l'acte frauduleux n'est pas nul mais seulement dommageable, ne se borne pas à être en parfaite harmonie avec les caractères que la coutume attribue à l'action paulienne. Elle nous explique en outre — et cela constitue un nouvel argument en sa faveur — comment a pu naître cette idée de la nullité des actes frauduleux, quels sont les faits qui ont permis aux auteurs même les plus distingués d'accorder créance à cette doctrine singulière. Comme il arrive très souvent, c'est un fait assez exactement observé, mais généralisé un peu témérairement, qui a servi de base à la théorie que nous critiquons.

Le droit des créanciers fraudés s'analyse en une créance personnelle ayant pour but d'obtenir la réparation d'un acte préjudiciable. Mais une créance d'indemnité n'aboutit pas nécessairement à une condamnation à des dommages-intérêts. C'est un point qui a été définitivement mis en lumière par M. Ed. Meynial dans son étude sur « *la sanction civile des obligations* »

(*Rev. pratique de dr. français*, t. LVI). En principe, le créancier peut exiger que l'obligation — en notre espèce, l'obligation d'indemniser les victimes de l'acte frauduleux — soit exécutée en nature. Or, en quoi consiste le préjudice occasionné par la fraude ? Evidemment dans ce fait qu'un bien a été soustrait au gage virtuel que les créanciers possèdent sur le patrimoine de leur débiteur, qu'ils ne peuvent pas, par conséquent, pratiquer sur ce bien une saisie. L'exécution en nature permettra aux créanciers d'accomplir cette saisie, de se satisfaire sur ce bien, comme s'il n'était pas sorti du patrimoine de leur débiteur. Et cette saisie pratiquée sur un bien n'appartenant plus au débiteur produit l'illusion que l'action paulienne sanctionne la nullité de l'acte de transfert. Le résultat pratique de l'exécution en nature de l'obligation de réparer le préjudice causé ressemble en effet, dans le cas que nous examinons, aux résultats qu'entraîne l'exercice d'une action en nullité. C'est ce qu'avaient eu en vue les anciens, lorsqu'ils disaient : *non valet* [*scil. alienatio*] *in effectu*. Mais il ne faudrait pas conclure de cette ressemblance à une identité entre l'action paulienne et l'action en nullité. Et tout d'abord l'exécution en nature ne pourrait être exigée dans tous les cas. Les obstacles qui empêchent son application peuvent être de deux sortes. En premier lieu l'obstacle peut être purement physique (perte de la chose) ; l'impossibilité d'exécuter en nature est alors imposée par la force même des choses. Mais l'impossibilité de fournir la réparation en nature peut provenir, en outre, d'une cause juridique. La chose, tout en existant physiquement, a pu sortir du patrimoine du défendeur pour entrer dans celui d'une personne non soumise à l'action paulienne. Ou bien, la saisie à laquelle aurait abouti l'exécution en nature a été rendue inefficace par la constitution de la part du défendeur d'une hypothèque au profit d'un tiers de bonne foi. Comme le droit des créanciers fraudés est purement personnel, il ne saurait être opposé aux tiers. L'obligation d'indemniser les victimes de la fraude ne saurait dans tous ces cas être exécutée en nature, elle devra donc nécessairement aboutir à une exécution *per aequipollens*, à une condamnation à payer une somme d'argent. C'est ce qu'on exprime en disant que l'action paulienne n'a pas d'effets réels. On voit donc que la généralisation dont nous parlions au début de ce paragraphe est un peu hâtive. Les effets de l'action paulienne ressemblent quelquefois aux effets d'une action en nullité, mais non pas toujours.

A plus forte raison on ne saurait identifier les conséquences de la théorie de l'exécution en nature avec les résultats d'une nullité prononcée en justice. Il y a seulement entre les deux choses une ressemblance accidentelle et non une similitude organique.

23. — Ainsi la théorie suivant laquelle l'action paulienne est une action en indemnité explique toutes les particularités de cette action, puisqu'elles apparaissent comme des conséquences logiques d'une idée unique, celle notamment d'un acte préjudiciable. Elle permet en outre d'établir comment une généralisation inexacte d'un fait observé exactement a pu donner naissance à la théorie adverse. La doctrine que nous suivons est, au surplus, fortement appuyée par la tradition historique. Elle satisfait donc à toutes les exigences auxquelles une construction juridique doit répondre. Quels avantages possède sur elle la théorie de la nullité ? Qu'est-ce qui la fait rejeter par quelques-uns ? — On a cru qu'elle concordait mal avec la tradition, mais nous avons essayé dans la première partie de ce travail d'établir le contraire. La théorie de la nullité présenterait, aux dires de ses partisans, encore un autre avantage. Elle permettrait notamment de créer au profit du demandeur un droit de préférence sur les autres créanciers du défendeur : les créanciers personnels de celui-ci ne pourraient pas concourir avec le créancier du *fraudator* agissant en vertu de l'article 1167 (Planiol, 2e éd., II, n° 330, 2). Cette règle ne se trouve énoncée nulle part, et c'est en vain qu'on lui chercherait un appui dans la tradition ; les anciens auteurs gardent le silence le plus absolu sur cet effet nouveau de l'action paulienne. Il me semble donc qu'on commet encore une fois une pétition de principe en invoquant cette règle comme un argument en faveur de la nullité des actes frauduleux. Néanmoins cette considération paraît avoir été d'un grand poids pour certains auteurs, puisque c'est là principalement l'argument qui semble avoir déterminé le ralliement de M. Planiol (*ibid.*, n° 327) à la théorie que nous combattons. La préférence qu'on voudrait assurer ainsi au créancier en agissant en vertu de l'article 1167 sur les créanciers personnels du défendeur paraît, en effet, constituer un résultat désirable : elle vient au secours des victimes de la fraude, qui pourraient se trouver en face d'un défendeur insolvable, et elle permet ainsi d'écarter, dans une certaine mesure, les effets désastreux que produit dans notre droit l'absence de toute réglementation en matière de déconfiture. On comprend donc que des auteurs

éminents se soient laissés séduire par cet argument, bien qu'au point de vue purement théorique il ait le grave défaut de constituer une pétition de principe. Il faut cependant y prendre garde; même en se plaçant au point de vue pratique, l'argument invoqué par M. Planiol ne peut être considéré comme une arme sérieuse en faveur de la nullité des actes frauduleux. En effet, cette arme est à double tranchant et susceptible, à l'occasion, de blesser ceux-là mêmes qu'on voudrait protéger. Le danger auquel je fais allusion est le suivant. Le demandeur à l'action paulienne ne subit pas, d'après M. Planiol, le concours des créanciers personnels du défendeur. Mais cette situation privilégiée n'existe qu'à la condition que le bien aliéné frauduleusement se retrouve dans le patrimoine du défendeur. S'il en était sorti à la suite par exemple d'une vente, le demandeur serait réduit au rôle d'un créancier de somme d'argent, et devrait en cette qualité subir la loi du concours. C'est ce que reconnaît M. Planiol lui-même. Mais alors il ne dépendrait que de la bonne ou mauvaise volonté du défendeur de faire subir au demandeur le concours de ses créanciers personnels! Ce serait une anomalie sans précédent dans le droit civil. La question du concours, au lieu d'être déterminée objectivement, dépendrait de l'arbitraire de la personne intéressée. Le défendeur pourrait, selon ses préférences, favoriser ses créanciers personnels ou bien ceux du *fraudator*. Les dangers d'une solution pareille sont évidents. Le défendeur, qui est, par hypothèse, insolvable et bien souvent, en tant que *conscius fraudis*, un homme de moralité douteuse, ne se fera pas scrupule d'abuser de sa situation : les créanciers qu'il voudra avantager payeront cher ses faveurs. Le plus éhonté des chantages pourra se donner libre carrière. L'action que le demandeur pourra intenter, en cas de nouvelle fraude, contre le sous-acquéreur ne saura le protéger efficacement contre cet abus. La fraude est très difficile à prouver, le sous-acquéreur peut, au surplus, être de bonne foi, et dans ce cas l'action paulienne fera défaut ou sera réduite au montant de l'enrichissement suivant le caractère onéreux ou gratuit de la sous-aliénation. Et ceci est suffisant pour démontrer combien est dangereuse la solution préconisée par M. Planiol. Non seulement elle ne saurait justifier en théorie la nullité des actes frauduleux, mais encore elle aboutit, au point de vue pratique, à des résultats tellement déplorables, que même si la théorie de la nullité n'avait d'autre inconvénient que de consacrer ce résultat, nous n'hésiterions pas à la rejeter.

24. — Et c'est uniquement pour aboutir à des conclusions pareilles, qu'on rejette l'opinion traditionnelle et qu'on crée la théorie de la nullité des actes frauduleux, nullité qui, de l'aveu de ses partisans, ne ressemble en rien aux autres nullités[1]. Et pour justifier cette manière de voir on n'a pas craint d'obscurcir la théorie générale des nullités en y introduisant des règles inventées pour les besoins de la cause (restriction de l'application de l'article 1304 aux actions intentées par les parties elles-mêmes), on n'a pas hésité, non plus, à la compliquer, en augmentant le nombre déjà si considérable des nullités par une nouvelle espèce, d'un caractère tellement spécial, qu'elle paraît être en désaccord avec les principes les mieux assis de la théorie des nullités.

Le problème de la construction juridique est un problème de définition. La construction juridique, comme la définition, doit donner dans une formule concise une synthèse complète des attributs et des effets de l'objet. Les sciences spéculatives, opérant sur de pures créations d'esprit, peuvent se permettre de donner des définitions *a priori*; la chose à définir étant d'ordre purement spéculatif, on peut lui donner les attributs qu'il plaira. Il n'en est pas ainsi pour la science de droit, qui a pour objet l'étude de phénomènes objectifs, de rapports juridiques existant entre les hommes. Les attributs et les effets d'une institution juridique doivent donc servir de point de départ et non de point d'arrivée à sa construction juridique. Autrement dit, la construction juridique ne saurait être acheminée que d'après une méthode inductive. Les partisans de la nullité des actes frauduleux méconnaissent ces principes. Ils partent d'une définition *a priori* de la nature de l'action paulienne, et essayent ensuite de faire rentrer dans ce cadre, de toutes pièces, les règles données par la coutume. Ils leur font subir quelquefois des violences, parfois ils ne le peuvent même pas; ils se bornent alors à constater la règle sans l'expliquer. Leur construction juridique est, dans ces conditions, dépourvue de toute valeur scientifique. Simple étiquette qui réunit sous un nom commun un certain nombre de règles juridiques, elle est impuissante à nous expliquer le lien qui les unit les uns aux autres, elle ne nous fait donc

(1) Planiol, II, n° 327 : « Les effets bornés de l'action paulienne la séparent si nettement des autres actions en nullité... »

pas comprendre la nature intime de l'institution dont elle aurait dû nous donner la synthèse.

Partie d'une affirmation *a priori*, donc gratuite, la théorie de la nullité des actes frauduleux devrait nécessairement aboutir à un résultat scientifique nul. C'est ce qui est arrivé en effet. Les partisans de cette théorie ont été obligés de faire l'aveu que les effets de l'action paulienne différaient profondément des effets des autres actions en nullité et que la nullité des actes frauduleux était d'un caractère « spécial ». L'action paulienne constituerait donc une anomalie, puisque, tout en étant une action en nullité, elle ne ressemblerait pour ainsi dire presque pas aux autres actions en nullité.

Mais comment juger un système qui ne voit dans une institution fondamentale de la théorie des obligations qu'une anomalie juridique? Il me semble que cet aveu spontané contient la meilleure réfutation de la théorie de la nullité des actes frauduleux.

JEAN ACHER.

IMPRIMERIE
CONTANT-LAGUERRE
LVX VITAM
BAR-LE-DUC

www.ingramcontent.com/pod-product-compliance
Ingram Content Group UK Ltd.
Pitfield, Milton Keynes, MK11 3LW, UK
UKHW012113240726
13965UKWH00004B/1741